Enid Artursdottir

Unterhalts-Festsetzung

AF532273

Enid Artursdottir

Unterhalts-Festsetzung

laufendes Verfahren

Trainerverlag

Imprint

Any brand names and product names mentioned in this book are subject to trademark, brand or patent protection and are trademarks or registered trademarks of their respective holders. The use of brand names, product names, common names, trade names, product descriptions etc. even without a particular marking in this work is in no way to be construed to mean that such names may be regarded as unrestricted in respect of trademark and brand protection legislation and could thus be used by anyone.

Cover image: www.ingimage.com

Publisher:
Der Trainerverlag
is a trademark of
International Book Market Service Ltd., member of OmniScriptum Publishing Group
17 Meldrum Street, Beau Bassin 71504, Mauritius

Printed at: see last page
ISBN: 978-620-0-76791-2

Copyright © Enid Artursdottir
Copyright © 2020 International Book Market Service Ltd., member of OmniScriptum Publishing Group

Inhaltsverzeichnis:

I. Vorschusskostenrechnungen:

1. Schreiben des Amtsgerichts an das Jugendamt:[1]

Sehr geehrte Dame, sehr geehrter Herr,

wir bitten Sie, die **rückseitig** berechneten und näher bezeichneten Gerichtskosten in Höhe von

267,00 EUR

binnen **zwei Wochen** ab Zugang dieses Schreibens auf das Konto der Landesjustizkasse unter Angabe des Rechnungszeichens zu zahlen. Bitte geben Sie bei Ihrer Überweisung als Verwendungszweck unbedingt das Rechnungszeichen vollständig an. Sie können auch bei jeder Gerichtszahlstelle unter Vorlage der Rechnung bar zahlen. Der Überbringer dieser Rechnung ist nicht zum Geldempfang berechtigt.

Bitte beachten Sie: Fragen zum **Inhalt** der Rechnung und etwaige Einwendungen gegen die Zahlungspflicht können **nur** von der **oben genannten Dienststelle** zu deren Aktenzeichen beantwortet werden. **Die Vornahme der Amtshandlung, die Einleitung oder der Fortgang des Verfahrens ist abhängig von der Entrichtung des angeforderten Betrages.**

[1] 07.01.2020

Als Rechtsbehelf gegen diesen Kostenansatz ist die unbefristete **Erinnerung** statthaft. Sie ist bei der vorgenannten **Stelle** schriftlich oder bei jedem Amtsgericht zu Protokoll der Geschäftsstelle einzulegen. Die Einlegung der Erinnerung entbindet nicht von der Pflicht zur vorläufigen Zahlung.

Die Datenschutzerklärung zur Informationspflicht nach Artikel 13 und 14 der Datenschutz-Grundverordnung (DSGVO) und § 43 Landesdatenschutzgesetz finden Sie auf der Startseite des Internetauftritts www.justiz.de.

Bequem zahlen mit BankingApp und Fotoüberweisung oder mit dem Girocode

Empfänger:
IBAN:
BIC:
Betrag:
Verwendungszweck:

Bitte bei allen Zahlungen und Schreiben unbedingt den Verwendungszweck (Rechnungszeichen) angeben. Vielen Dank! Dieses Schreiben ist automationsunterstützt erstellt und ohne Unterschrift gültig. Gegenstand des Kostenansatzes: Verfahren im Allgemeinen, ohne vorangegangenem Mahnverfahren, §§ 3, 28 FamGKG

Schlüssel
Gebührensatz
Wert/Anzahl/Betrag

Betrag EUR

Die Kostenrechnung erhalten Sie als Vertreter der Kindesmutter

Bitte zahlen Sie in EUR

2. Schreiben des Amtsgerichts an das Jugendamt:[2]

Sehr geehrte Dame, sehr geehrter Herr,

wir bitten Sie, die **rückseitig** berechneten und näher bezeichneten Gerichtskosten in Höhe von

267,00 EUR

binnen **zwei Wochen** ab Zugang dieses Schreibens auf das Konto der Landesjustizkasse unter Angabe des Rechnungszeichens zu zahlen. Bitte geben Sie bei Ihrer Überweisung als Verwendungszweck unbedingt das Rechnungszeichen vollständig an. Sie können auch bei jeder Gerichtszahlstelle unter Vorlage der Rechnung bar zahlen. Der Überbringer dieser Rechnung ist nicht zum Geldempfang berechtigt.

Bitte beachten Sie: Fragen zum **Inhalt** der Rechnung und etwaige Einwendungen gegen die Zahlungspflicht können **nur** von der **oben genannten Dienststelle** zu deren Aktenzeichen beantwortet werden. **Die Vornahme der Amtshandlung, die Einleitung oder der Fortgang des Verfahrens ist abhängig von der Entrichtung des angeforderten Betrages**.

Als Rechtsbehelf gegen diesen Kostenansatz ist die unbefristete **Erinnerung** statthaft. Sie ist bei der vorgenannten **Stelle** schriftlich oder bei jedem Amtsgericht zu Protokoll der Geschäftsstelle einzulegen. Die

[2] 07.01.2020

Einlegung der Erinnerung entbindet nicht von der Pflicht zur vorläufigen Zahlung.

Die Datenschutzerklärung zur Informationspflicht nach Artikel 13 und 14 der Datenschutz-Grundverordnung (DSGVO) und § 43 Landesdatenschutzgesetz finden Sie auf der Startseite des Internetauftritts www.justiz.de.

Bequem zahlen mit BankingApp und Fotoüberweisung oder mit dem Girocode

Empfänger:
IBAN:
BIC:
Betrag:
Verwendungszweck:

Bitte bei allen Zahlungen und Schreiben unbedingt den Verwendungszweck (Rechnungszeichen) angeben. Vielen Dank! Dieses Schreiben ist automationsunterstützt erstellt und ohne Unterschrift gültig.

Gegenstand des Kostenansatzes: Verfahren im Allgemeinen, ohne vorangegangenem Mahnverfahren, §§ 3, 28 FamGKG

Schlüssel
Gebührensatz
Wert/Anzahl/Betrag
Betrag EUR

Die Kostenrechnung erhalten Sie als Vertreter der Kindesmutter

Bitte zahlen Sie in EUR

3. Schreiben des Jugendamts an die Kindesmutter:[3]

Beistandschaft für Ihre beiden Kinder

Sehr geehrte Kindesmutter,

anliegend übersenden wir Ihnen die Vorschusskostenrechnungen des Amtsgerichts bzgl. der gerichtlichen Festsetzung des Unterhalts für o.g. Kinder.

Mit freundlichen Grüßen
Im Auftrag

Sachbearbeiter

---

[3] 10.01.2020

4. Schreiben der Kindesmutter an das Jugendamt:[4]

Sehr geehrter Herr Sachbearbeiter,

Ihr Schreiben vom 10.01.2020 bezüglich der gerichtlichen Festsetzung des Unterhalts wurde mir heute postalisch zugestellt.

Die beiden Vorschusskostenrechnungen des Amtsgerichts über insgesamt 534,00 EUR habe ich soeben beglichen.

Sind Sie der neue zuständige Sachbearbeiter oder vertreten Sie Ihre Kollegin nur vorübergehend?

Mit freundlichen Grüßen

Kindesmutter

[4] 14.01.2020

5. Schreiben des Jugendamts an die Kindesmutter:[5]

Sehr geehrte Kindesmutter,

die Beistandschaft für o.g. Kinder wurde mir übertragen, weshalb ich ab sofort diesbezüglich für Sie zuständig bin.

Mit freundlichen Grüßen
Im Auftrag

Sachbearbeiter

[5] 14.01.2020

II. Verfügungen:

1. Verfügung des Amtsgerichts:[6]

Amtsgericht

Aktenzeichen

Verfügung

In Sachen

Erstes Kind ./. Kindesvater
wg. Unterhalt Kind

I. Aufforderungen, Anordnungen und Hinweise

1. Es wird ein schriftliches Vorverfahren durchgeführt.

   Das Gericht beantragt, die Sache mit dem Parallelverfahren zu verbinden.
   Frist zur Stellungnahme: 1 Woche

---

[6] 21.01.2020

2. Hinweise an die Antragstellerseite:

2.1. Bei nicht form- und fristgerechter Verteidigungsanzeige der Antragsgegnerseite kann die Antragstellerseite Antrag auf Erlass eines Versäumnisbeschlusses stellen. Dieser Antrag ist bereits vor Ablauf der Frist zur Abgabe der Verteidigungsanzeige zulässig. Wurde ein solcher Antrag gestellt, ist eine Entscheidung ohne mündliche Verhandlung durch Versäumnisbeschluss auch dann zulässig, wenn in der Antragsschrift keine ausreichenden Angaben zu Nebenforderungen (wie z. B. Zinsen, Schreibauslagen o. ä.) gemacht wurden. Diese Nebenforderungen werden dann auch keinen Erfolg haben.

2.2. Der Vortrag zum Verzug geht davon aus, dass Mahnungen erst ab April 2018 erfolgt sind, mithin über ein Jahr nach Zahlungseinstellung. Warum soll eine Zahlungspflicht vor Mahnung bestehen. Die Zahlungen in 2016 sind nicht geeignet, eine Mahnpflicht überflüssig zu machen.

Nach den vorgelegten Unterlagen bestand in 2016 keine Leistungsfähigkeit im Umfang von 105 %. Es gibt zwei Kinder, denen gegenüber eine Unterhaltspflicht bestand. Ausgehen von netto p.a. = p.m. und einem Selbstbehalt von 1.080 € steht pro Kind ein Betrag von 218,63 € zur Verfügung.

3. **An die Antragsgegnerseite ergehen gemäß §§ 113 FamFG, 276 ZPO folgende Aufforderungen:**

3.1. Sie hat durch Ihren Rechtsanwalt die Absicht der Verteidigung binnen einer

Notfrist von zwei Wochen

ab Zustellung der Antragsschrift schriftlich anzuzeigen.

Belehrung:

Die Frist kann nicht verlängert werden und ist nur dann gewahrt, wenn die Anzeige innerhalb der Frist bei Gericht eingeht. Geht sie nicht innerhalb der Frist ein, kann dies zu einem Verlust des Verfahrens führen. Das Gericht kann auf Antrag der Gegenseite einen Versäumnisbeschluss erlassen (§§ 113 FamFG, 331 ZPO). In diesem Fall können der säumigen Beteiligtenseite auch die Gerichtskosten und die notwendigen Auslagen der Gegenseite auferlegt werden (§ 243 FamFG).

Aus dem Versäumnisbeschluss kann der Gegner der säumigen Beteiligtenseite gegen diese die Zwangsvollstreckung betreiben, soweit die sofortige Wirksamkeit angeordnet wurde (§§ 116 Abs. 3, 120 Abs. 1 FamFG).

3.2. Sie hat durch Ihren Rechtsanwalt auf das Antragsvorbringen innerhalb von

zwei Wochen

nach Ablauf der unter Ziffer 3.1. genannten Notfrist schriftlich zu erwidern, wenn sie sich gegen den Antrag verteidigen will.

Belehrung

gemäß §§ 113, 115 FamFG, 277 Abs. 2 ZPO

Die Frist ist nur dann gewährt, wenn die Erwiderung vor Ablauf der Frist bei Gericht eingeht. Die Antragsgegnerseite kann sich bis zum Ablauf dieser Frist gegen den Antragsanspruch verteidigen und zum Beispiel Einreden und Einwendungen, Beweisangebote und Beweiseinreden vorbringen. Die Antragserwiderung und Verteidigungsmittel, welche erst nach Ablauf der gesetzten Frist und somit nicht rechtzeitig eingehen bzw. vorgebracht werden, können zurückgewiesen werden, wenn ihre Zulassung nach freier Überzeugung des Gerichts die Erledigung des Verfahrens verzögern würde und die Verspätung auf grober Nachlässigkeit beruht. **Das Verfahren kann also allein wegen einer Fristversäumnis verloren werden.** Die oben gesetzte Frist kann nur ausnahmsweise auf Antrag bei Vorliegen erheblicher Gründe verlängert werden. Der schriftliche Antrag auf

Fristverlängerung muss vor Fristablauf bei Gericht eingehen.

4. **In diesem Verfahren besteht Anwaltszwang.** Wenn sich die Antragsgegnerseite gegen den Antrag verteidigen will, hat sie einen zugelassenen Rechtsanwalt zu bestellen. **Handlungen, welche die Beteiligten selbst vornehmen, sind verfahrensrechtlich unwirksam.** Wird für die antragsgegnerische Beteiligtenseite kein zugelassener Rechtsanwalt tätig, kann gegen sie ein Versäumnisbeschluss ergehen.

Direktor des Amtsgerichts

Beglaubigt:

(Dienstsiegel)

Justizobersekretärin
als Urkundsbeamtin der Geschäftsstelle

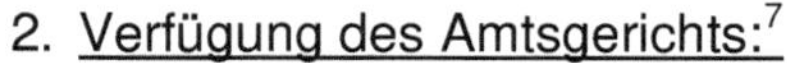

2. Verfügung des Amtsgerichts:[7]

Amtsgericht

Aktenzeichen

Verfügung

In Sachen

Zweites Kind ./. Kindesvater
wg. Unterhalt Kind

I. Aufforderungen, Anordnungen und Hinweise

1. Es wird ein schriftliches Vorverfahren durchgeführt.

   Das Gericht beantragt, die Sache mit dem Parallelverfahren zu verbinden.
   Frist zur Stellungnahme: 1 Woche

[7] 21.01.2020

II. Hinweise an die Antragstellerseite:

a. Bei nicht form- und fristgerechter Verteidigungsanzeige der Antragsgegnerseite kann die Antragstellerseite Antrag auf Erlass eines Versäumnisbeschlusses stellen. Dieser Antrag ist bereits vor Ablauf der Frist zur Abgabe der Verteidigungsanzeige zulässig. Wurde ein solcher Antrag gestellt, ist eine Entscheidung ohne mündliche Verhandlung durch Versäumnisbeschluss auch dann zulässig, wenn in der Antragsschrift keine ausreichenden Angaben zu Nebenforderungen (wie z. B. Zinsen, Schreibauslagen o. ä.) gemacht wurden. Diese Nebenforderungen werden dann auch keinen Erfolg haben.

b. Der Vortrag zum Verzug geht davon aus, dass Mahnungen erst ab April 2018 erfolgt sind, mithin über ein Jahr nach Zahlungseinstellung. Warum soll eine Zahlungspflicht vor Mahnung bestehen. Die Zahlungen in 2016 sind nicht geeignet, eine Mahnpflicht überflüssig zu machen.
Nach den vorgelegten Unterlagen bestand in 2016 keine Leistungsfähigkeit im Umfang von 105 %. Es gibt zwei Kinder, denen gegenüber eine Unterhaltspflicht bestand. Ausgehen von netto p.a. = p.m. und einem Selbstbehalt von 1.080 € steht pro Kind ein Betrag von 218,63 € zur Verfügung.

III. An die Antragsgegnerseite ergehen gemäß §§ 113 FamFG, 276 ZPO folgende Aufforderungen:

a. Sie hat durch Ihren Rechtsanwalt die Absicht der Verteidigung binnen einer

Notfrist von zwei Wochen

ab Zustellung der Antragsschrift schriftlich anzuzeigen.

Belehrung:

Die Frist kann nicht verlängert werden und ist nur dann gewahrt, wenn die Anzeige innerhalb der Frist bei Gericht eingeht. Geht sie nicht innerhalb der Frist ein, kann dies zu einem Verlust des Verfahrens führen. Das Gericht kann auf Antrag der Gegenseite einen Versäumnisbeschluss erlassen (§§ 113 FamFG, 331 ZPO). In diesem Fall können der säumigen Beteiligtenseite auch die Gerichtskosten und die notwendigen Auslagen der Gegenseite auferlegt werden (§ 243 FamFG).

Aus dem Versäumnisbeschluss kann der Gegner der säumigen Beteiligtenseite gegen diese die Zwangsvollstreckung betreiben, soweit die sofortige Wirksamkeit angeordnet wurde (§§ 116 Abs. 3, 120 Abs. 1 FamFG).

b. Sie hat durch Ihren Rechtsanwalt auf das Antragsvorbringen innerhalb von

zwei Wochen

nach Ablauf der unter Ziffer 3.1. genannten Notfrist schriftlich zu erwidern, wenn sie sich gegen den Antrag verteidigen will.

Belehrung

gemäß §§ 113, 115 FamFG, 277 Abs. 2 ZPO

Die Frist ist nur dann gewährt, wenn die Erwiderung vor Ablauf der Frist bei Gericht eingeht. Die Antragsgegnerseite kann sich bis zum Ablauf dieser Frist gegen den Antragsanspruch verteidigen und zum Beispiel Einreden und Einwendungen, Beweisangebote und Beweiseinreden vorbringen. Die Antragserwiderung und Verteidigungsmittel, welche erst nach Ablauf der gesetzten Frist und somit nicht rechtzeitig eingehen bzw. vorgebracht werden, können zurückgewiesen werden, wenn ihre Zulassung nach freier Überzeugung des Gerichts die Erledigung des Verfahrens verzögern würde und die Verspätung auf grober Nachlässigkeit beruht. **Das Verfahren kann also allein wegen einer Fristversäumnis verloren werden.** Die oben gesetzte Frist kann nur ausnahmsweise auf Antrag bei Vorliegen erheblicher Gründe verlängert werden. Der schriftliche Antrag auf

Fristverlängerung muss vor Fristablauf bei Gericht eingehen.

IV. **In diesem Verfahren besteht Anwaltszwang.** Wenn sich die Antragsgegnerseite gegen den Antrag verteidigen will, hat sie einen zugelassenen Rechtsanwalt zu bestellen. **Handlungen, welche die Beteiligten selbst vornehmen, sind verfahrensrechtlich unwirksam.** Wird für die antragsgegnerische Beteiligtenseite kein zugelassener Rechtsanwalt tätig, kann gegen sie ein Versäumnisbeschluss ergehen.

Direktor des Amtsgerichts

beglaubigt:

(Dienstsiegel)

Justizobersekretärin
als Urkundsbeamtin der Geschäftsstelle

3. Schreiben des Jugendamts an die Kindesmutter:[8]

Beistandschaft für Ihre beiden Kinder

Sehr geehrte Kindesmutter,

anliegend übersenden wir Ihnen jeweils die erste Seite der vom Amtsgericht erlassenen Verfügungen bzgl. der Unterhaltsfestsetzungs-verfahren für o.g. Kinder.

Gemäß den dort erteilten Hinweisen für die Antragstellerseite erscheint eine Abweisung unserer Anträge auf Festsetzung des Unterhalts wahrscheinlich.

Wir bitten daher um baldige Stellungnahme bzgl. der weiteren Vorgehensweise, da sich die Kosten des Verfahrens erhöhen, sobald sich der Anwalt des Kindesvaters für diesen bei Gericht bestellt.

Mit freundlichen Grüßen
Im Auftrag

Sachbearbeiter

---

[8] 29.01.2020

III. Versäumnisbeschluss:

1. Schreiben der Kindesmutter an das Jugendamt:[9]

Aktenzeichen

Sehr geehrter Herr Sachbearbeiter,

die jeweils erste Seite der vom Amtsgericht erlassenen Verfügungen vom 21.01.2020 wurde mir heute mit Ihrem Schreiben vom 29.01.2020 postalisch zugestellt.

Zunächst sollte die Antragstellerseite bereits vor Ablauf der Frist zur Abgabe der Verteidigungsanzeige **Antrag auf Erlass eines Versäumnisbeschlusses** stellen.

Die **Leistungsfähigkeit** des Kindesvaters möge - insbesondere in Bezug auf die Einnahmen innerhalb der zusätzlichen Selbständigkeit - gerichtlich geprüft werden.

Mit einem jeweils schriftlich durchzuführenden Vorverfahren und der vom Gericht beabsichtigten Verbindung beider Verfahren bin ich einverstanden.

---

[9] 30.01.2020

Hiermit sei darauf hingewiesen, dass im aktuell laufenden Parallelverfahren vor dem Amtsgericht ein Antrag auf Bewilligung von VKH gestellt worden ist.

Sollte dieser bewilligt bzw. dessen Ablehnung aufgehoben werden, wäre die Ausdehnung der Bewilligung einer Verfahrenskostenhilfe auf hiesige Verfahren sinnvoll.

Mit freundlichen Grüßen

Kindesmutter

2. Schreiben des Jugendamts an die Kindesmutter:[10]

Beistandschaft für Ihre beiden Kinder

Sehr geehrte Kindesmutter,

bezugnehmend auf Ihre E-Mail vom 30.01.2020 teilen wir Ihnen mit, dass die Leistungsfähigkeit des Kindesvaters im Rahmen der Unterhaltsfestsetzungsverfahren vom Gericht geprüft wird.

Wie Sie den beigefügten Abschriften entnehmen können, wurde in den Verfahren jeweils der Erlass eines Versäumnisbeschlusses beantragt.

Die Zustimmung zu einer Verbindung der beiden Verfahren haben wir gegenüber dem Amtsgericht ebenfalls erklärt.

Des Weiteren teilen wir Ihnen mit, dass eine in einem separaten Verfahren bewilligte Verfahrenskostenhilfe nicht auf die hiesigen Verfahren für o.g. Kinder ausgedehnt werden kann, da die Verfahren voneinander unabhängig sind.

Sofern Sie bezüglich der Unterhaltsfestsetzungsverfahren für o.g. Kinder die Beantragung von Verfahrenskostenhilfe wünschen, senden Sie uns

[10] 31.01.2020

bitte den beigefügten Antrag ausgefüllt und unterschrieben, sowie mit den entsprechenden Nachweisen versehen, zurück.

Darüber hinaus fragen wir an, ob wir Ihre E-Mail dahingehend interpretieren dürfen, dass Sie trotz geringer Erfolgsaussichten keine Rücknahme der Anträge auf Festsetzung des Unterhalts wünschen.

Mit freundlichen Grüßen
Im Auftrag

Sachbearbeiter

3. Schreiben des Jugendamts an das Amtsgericht:[11]

Sehr geehrte Damen und Herren,

im Verfahren

Erstes Kind ./. Kindesvater

Aktenzeichen

beantragen wir für den Fall, dass der Antragsgegner nicht innerhalb der gesetzten Frist seine Verteidigungsbereitschaft erklärt, gegen den Antragsgegner einen Versäumnisbeschluss ohne mündliche Verhandlung zu erlassen.

Mit freundlichen Grüßen
Im Auftrag

Sachbearbeiter

---

[11] 31.01.2020

4. Schreiben des Jugendamts an das Amtsgericht:[12]

Sehr geehrte Damen und Herren,

im Verfahren

Zweites Kind ./. Kindesvater

Aktenzeichen

beantragen wir für den Fall, dass der Antragsgegner nicht innerhalb der gesetzten Frist seine Verteidigungsbereitschaft erklärt, gegen den Antragsgegner einen Versäumnisbeschluss ohne mündliche Verhandlung zu erlassen.

Mit freundlichen Grüßen
Im Auftrag

Sachbearbeiter

[12] 31.01.2020

IV. Inverzugsetzung:

1. Schreiben der Kindesmutter an das Jugendamt:[13]

Sehr geehrter Herr Sachbearbeiter,

zu den Berechnungen der Unterhaltspflicht durch den Herrn Amtsdirektor, es stünde monatlich nach Abzug des Selbstbehaltes pro Kind ein Betrag von 218,63 € zur Verfügung:

dies macht bei sechs Monaten (Juli bis Dezember 2016) eine Summe von (218,63 € x 6 =) **1.311,78 €** pro Kind, für beide Kinder gemeinsam also (1.311,78 € x 2 =) **2.623,56 €**.

Zu den vom Jugendamt eingeklagten Summe von (1.507,00 € + 1.537,00 € =) **3.044,00 €** besteht damit lediglich eine Differenz von (3.044,00 € - 2.623,56 € =) **420,44 €**.

In Anbetracht der hohen Einkünfte durch die zusätzliche Selbständigkeit des Kindesvaters, wäre auch dieser Differenzbetrag durchaus noch zu verkraften.

[13] 01.02.2020

Im Anhang finden Sie meine Auflistung der "Inverzugsetzung nach Zahlungseinstellung".

Mit freundlichen Grüßen

Kindesmutter

2. Schreiben der Kindesmutter an das Jugendamt:[14]

Inverzugsetzung nach Zahlungseinstellung:

1. Am Mittwoch, 02.11.2016, wurde der Kindesvater von mir gebeten, die abgebrochenen Unterhaltszahlungen in Höhe von monatlich mindestens 500,00 € für die beiden Zwillinge wieder aufzunehmen und auch rückwirkend zu bezahlen.

2. Am Mittwoch, 18.01.2017, wurde der Kindesvater von mir daran erinnert, die noch immer nicht wieder aufgenommenen Unterhaltszahlungen in Höhe von mindestens 500,00 € monatlich für die beiden Zwillinge nun endlich wieder aufzunehmen, auch mit errechnetem Entbindungstermin für September 2017 an.

3. An einem Abend im Frühling oder Frühsommer 2017 telefonierte der Kindesvater mit meiner Mutter, um diese in Bezug auf meine Schwangerschaft in Kenntnis zu setzen und versprach dieser „hoch und heilig", für mich und die Kinder in jeder Hinsicht „gut sorgen" zu wollen, Geld spiele für ihn „keine Rolle, immerhin habe er „viel Geld" und sei er „ein reicher Mann".

4. Am Montag, 18.09.2017, forderte ich den Kindesvater ein weiteres Mal mit Deutlichkeit auf, nun endlich den ihm und seinem Einkommen angemessenen Unterhalt – auch rückwirkend – für die beiden im Jahr 2015 geborenen Zwillinge und ab sofort auch für

[14] 01.02.2020

die im September 2017 per Kaiserschnitt zur Welt gebrachte Tochter zu zahlen.

5. Am Donnerstag, den 21.09.2017 forderte ich ihn mit Nachdruck dazu auf, mir ab sofort den vollen seinen beiden Einkünften entsprechenden Kindesunterhalt – auch rückwirkend – für alle drei Kleinkinder zu zahlen, für die ich nun alleinverantwortlich – gehandicapt durch den Kaiserschnitt – rund um die Uhr in seiner Abwesenheit aufzukommen hätte.

6. Am Sonntag, den 14.01.2018, bat ich den Kindesvater erneut, ab sofort – und auch rückwirkend – monatlichen Kindesunterhalt in voller Höhe für seine drei kleinen Kinder zu leisten, insbesondere, da ab dem 15.01.2018 die Ganztageskindergartenbetreuung für die Zwillinge mit monatlich 2 x 54,00 € = 108,00 € Essensgeld starten sollte.

7. Da sämtliche mündliche Erinnerungen, Bitten, Forderungen und Mahnungen nichts brachten, schrieb ich dem Kindesvater am Montag, den 09.04.2018 eine E-Mail, in welcher ich ihn schriftlich aufforderte, ab Mai 2018 für seine drei kleinen Kinder monatlich 1.671,00 € zu zahlen und rückwirkend für die Jahre 2016, 2017 und 2018, einen Gesamtbetrag von 32.748,00 € zu schulden.

8. Am Montag, den 25.06.2018, beantragte ich Leistungen nach dem Unterhaltsvorschussgesetz (UVG) für meine drei jüngsten Kinder bei der Unterhaltsvorschusskasse der Kreisverwaltung.

9. Am Montag, den 23.07.2018, schlug ich dem Kindesvater per E-Mail vor, a) Kindesunterhalt in angemessener Höhe (gemäß Einkommen aus Angestelltendasein und Selbständigkeit) zu zahlen, b) Jugendamtsurkunden für alle drei Kinder in der Kreisverwaltung zu errichten, c) rückwirkend Kindesunterhalt ab Auszug Anfang März 2016 für alle beiden bzw. drei Kinder zu zahlen.

10. Am Donnerstag, 23.08.2018, beantragte ich die Einrichtung einer Beistandschaft für meine drei jüngsten Kinder bei der Abteilung Jugend und Familie der Kreisverwaltung.

3. Schreiben der Kindesmutter an das Jugendamt:[15]

Sehr geehrter Herr Sachbearbeiter,

Ihr Schreiben vom 31.01.2020 wurde mir mit heutiger Post zugestellt.

Ja, Sie dürfen meine E-Mail dahingehend interpretieren, dass ich keine Rücknahme der Anträge auf Festsetzung des Unterhalts wünsche.

Haben Sie meine Auflistung der "Inverzugsetzung nach Zahlungseinstellung" vom 01.02.2020 erhalten?

Mit freundlichen Grüßen

Kindesmutter

[15] 04.02.2020

4. Schreiben des Jugendamts an die Kindesmutter:[16]

Sehr geehrte Kindesmutter

wir haben Ihre Auflistung zur Inverzugsetzung nach Zahlungseinstellung erhalten. Diese werden wir mit Ihrer Zustimmung an das Gericht weiterleiten.

Bzgl. der von Ihnen vorgelegten Berechnung des für den Kindesunterhalt einzusetzenden Betrages teilen wir Ihnen mit, dass wir an das vom Gericht zugrundegelegte Einkommen des Kindesvaters gebunden sind.

Mit freundlichen Grüßen
Im Auftrag

Sachbearbeiter

---

[16] 05.02.2020

5. Schreiben der Kindesmutter an das Jugendamt:[17]

Sehr geehrter Herr Sachbearbeiter,

meine Auflistung der Inverzugsetzung nach Zahlungseinstellung vom 01.02.2020 können Sie gerne an das Gericht weiterleiten.

Mit freundlichen Grüßen

Kindesmutter

[17] 05.02.2020

V. Zurückweisungen:

1. Schreiben des Jugendamts an die Kindesmutter:[18]

Beistandschaft für Ihre beiden Kinder

Sehr geehrte Kindesmutter

anliegende Schreiben des Anwaltes vom Kindesvaters übersenden wir Ihnen zur Kenntnis.

Mit freundlichen Grüßen
Im Auftrag

Sachbearbeiter

[18] 05.02.2020

2. <u>Schreiben des Anwalts an das Amtsgericht:</u>[19]

Abschrift

Vorab per Fax

Aktenzeichen

In Sachen

erstes Kind ./. **Kindesvater**

nehmen wir Bezug auf die heute zugegangene Verfügung des Gerichts vom 21.01.2020 und zeigen gemäß Ziffer 3.1. der Verfügung namens und in Vollmacht des Antragsgegners an,

dass sich der Antragsgegner verteidigt.

Im Übrigen beantragen wir namens und in Vollmacht des Antragsgegners,

die mit der Antragsschrift geltend gemachten Zahlungsanträge zurückzuweisen.

[19] 28.01.2020

Die Forderungen sind unschlüssig und unbegründet. Eine (weitere) Begründung des Zurückweisungsantrages bzw. Erwiderung auf die Antragsschrift erfolgt gesondert innerhalb der gemäß Ziffer 3.2. verfügten Frist.

Rechtsanwalt

3. Schreiben des Anwalts an das Amtsgericht:[20]

Abschrift

Vorab per Fax

Aktenzeichen

In Sachen

zweites Kind ./. **Kindesvater**

nehmen wir Bezug auf die heute zugegangene Verfügung des Gerichts vom 21.01.2020 und zeigen gemäß Ziffer 3.1. der Verfügung namens und in Vollmacht des Antragsgegners an,

dass sich der Antragsgegner verteidigt.

Im Übrigen beantragen wir namens und in Vollmacht des Antragsgegners,

die mit der Antragsschrift geltend gemachten Zahlungsanträge zurückzuweisen.

[20] 28.01.2020

Die Forderungen sind unschlüssig und unbegründet. Eine (weitere) Begründung des Zurückweisungsantrages bzw. Erwiderung auf die Antragsschrift erfolgt gesondert innerhalb der gemäß Ziffer 3.2. verfügten Frist.

Rechtsanwalt

4. Schreiben des Kindesvaters an die Kindesmutter:[21]

KRANK

…. Wie krank ist das denn?

Gegen den einzigen Menschen der Dich immer geliebt hat

und der Dich noch liebt ziehst Du vor Gericht?

Gegen den Vater Deiner Kinder?

Gegen den einzigen Menschen der Dir nur Gutes will.

…. wie krank ist das denn

Ich

[21] 29.01.2020

5. Schreiben des Kindesvaters an die Kindesmutter:[22]

…..stoppe ALLE gerichtlichen Angriffe gegen mich.

Für UNS

Für die Kinder

Ich

[22] 30.01.2020

6. Schreiben des Kindesvaters an die Kindesmutter:[23]

.....ist das wirklich wahr?

Aber wie geht das?

Deinen geliebten Menschen

mit Rechtsanwälten und Gerichten und beharken?

Willst Du meine Gefühle damit niederkämpfen?

Soll so Gemeinschaft und Glück entstehen?

Ich kann damit nicht umgehen. Sorry.

Ich liebe Dich

Ich

[23] 03.02.2020

7. Schreiben des Kindesvaters an die Kindesmutter:[24]

....habe über uns nachgedacht.

Und über uns gesoffen.

Komme damit nicht klar!

Ich

[24] 03.02.2020

8. Schreiben des Kindesvaters an die Kindesmutter:[25]

.....hat sie ihn rausgeworfen.

Will ihn nur manchmal noch benutzen.

Und natürlich maximal die Kohle rausbluten.

Ich

[25] 03.02.2020

9. Schreiben des Kindesvaters an die Kindesmutter:[26]

…..kann nicht bleiben.

Habe dort kein ZUHAUSE.

Wurde mir genommen.

Stattdessen Gericht.

Ich

[26] 03.02.2020

10. Schreiben des Kindesvaters an die Kindesmutter:[27]

....es ist so,
dass ich Dir einfach „egal“ bin.
Nur dann kann man so
mit einem Menschen umgehen.
Ich

[27] 03.02.2020

11. Schreiben des Kindesvaters an die Kindesmutter:[28]

.....zeig Dich liebevoll,
warmherzig, loyal, erfüllt, zärtlich,
zufrieden, großherzig, anerkennend.
Ich

[28] 03.02.2020

12. Schreiben des Kindesvaters an die Kindesmutter:[29]

…. ach,

Du meinst wieder Deinen Geldbedarf.

Ich dachte an unsere Herzen.

Ich

[29] 03.02.2020

13. Schreiben des Kindesvaters an die Kindesmutter:[30]

....und da willst Du
die nächsten paar Jahre darauf warten?
Haben wir so viel Zeit?
Ich

[30] 03.02.2020

14. Schreiben des Kindesvaters an die Kindesmutter:[31]

….. ja ich weiß,
Du willst mein Geld,
nicht mein Herz

[31] 04.02.2020

15. Schreiben des Kindesvaters an die Kindesmutter:[32]

Du hast bereits entschieden.
Du hast entschieden die Frau zu sein,
welche Prozesse gegen mich anstrengt
und mich vor die Richter zerrt.
Egal wie das ausgeht.
Ich

[32] 04.02.2020

16. Schreiben des Kindesvaters an die Kindesmutter:[33]

NEIN! Du hast entschieden

[33] 04.02.2020

17. Schreiben des Kindesvaters an die Kindesmutter:[34]

Du hast bereits entschieden.
Du hast entschieden die Frau zu sein,
welche Prozesse gegen mich anstrengt
und mich vor die Richter zerrt.
Ich

[34] 04.02.2020

18. Schreiben des Kindesvaters an die Kindesmutter:[35]

Anscheinend hast du bereits entschieden.

Ausgerechnet die „EMOTIONALE“ (zärtlichste Frau der Welt)

Welchen Wolf Du fütterst

a) der HABGIER

b) der LIEBE

Ich

[35] 04.02.2020

19. Schreiben des Kindesvaters an die Kindesmutter:[36]

.....nein.

Ich muß zum Anwalt

Um mich gegen Deine Habgier zu verteidigen.

Sonst wäre ich nicht gegangen.

Ich

[36] 04.02.2020

20. Schreiben des Kindesvaters an die Kindesmutter:[37]

….nein

das stimmt nicht.

Erst als Du über das Jugendamt insistiert hast

Bin ich zum Anwalt gegangen.

Ich

[37] 04.02.2020

21. Schreiben des Kindesvaters an die Kindesmutter:[38]

schätze mal
.....wenn Du meine Frau sein möchtest
dann regelst Du das mit den Anwälten und dem Jugendamt.
Ich kann nicht mit einer Frau zusammen sein,
sie lieben, verehren, ihr vertrauen, die mich gerichtlich verfolgt.
Regel das bitte in unserem Sinne.
Für UNS. Für die Kinder.
Das hat nichts mit „Kleinbeigeben" zu tun.
Es hat etwas damit zu tun wie Du Dir
Deine und meine =unsere? Zukunft vorstellst.
Zukunft ist, was wir jetzt daraus machen.
Tue das Richtige
Ich

[38] 06.02.2020

22. Schreiben des Kindesvaters an die Kindesmutter:[39]

....bitte überlege Dir was.

Ich will meine Zukunft mit Dir mit Dir und den Kindern.

Das geht nicht im Streit.

Überlege Dir was.

[39] 09.02.2020

23. Schreiben des Kindesvaters an die Kindesmutter:[40]

....hören wir die Musik einmal zusammen?

Wenn die gerichtliche Verfolgung meiner Person eingestellt hast.

Ich knete Deinen Rücken.

Bestelle Massagekerze mit heißem Öl.

[40] 11.02.2020

24. Schreiben des Kindesvaters an die Kindesmutter:[41]

Wenn Du die gerichtliche Verfolgung meiner Person eingestellt hast

[41] 11.02.2020

25. Schreiben des Kindesvaters an die Kindesmutter:[42]

......ich kann nicht mit einer Frau zusammen sein
die mich gerichtlich verfolgt.
Sollen wir dann zusammen die Gerichtsakten lesen?
Das ist pervers

[42] 11.02.2020

26. Schreiben des Kindesvaters an die Kindesmutter:[43]

......verdient er nicht sechsstellig!

Wird er jetzt vom Finanzamt verkloppt!

Weiß nicht ob ich den Porsche halten kann!

War immer großzügig

Nie auf den €URO geschaut.

Alles ist nicht genug.

Soll jetzt von Dir geschlachtet werden.

Weil nicht genug.

Nicht genug.

Mehr

[43] 11.02.2020

27. Schreiben des Kindesvaters an die Kindesmutter:[44]

Nachricht vom Steuerberater:

Nachzahlung 2018 : 12.000

zusätzlicher Vorauszahlung 2019: 12.000

Kosten Steuerberater: 1.400

Jetzt noch Deine Forderungen: Strick

---

[44] 15.02.2020

VI. Gerichtsbeschluss:

1. Schreiben des Jugendamts an die Kindesmutter:[45]

Beistandschaft für Ihre beiden Kinder

Sehr geehrte Kindesmutter

anliegende Kopie des Beschlusses des Amtsgerichts vom 10.02.2020 übersenden wir Ihnen zur Kenntnis.

Mit freundlichen Grüßen
Im Auftrag

Sachbearbeiter

[45] 21.02.2020

2. Beschluss des Amtsgerichts:[46]

Aktenzeichen

Amtsgericht

Beschluss

In der Familiensache

Erstes Kind, Name, geboren am, Anschrift, vertreten durch den Beistand Jugendamt der Kreisverwaltung, Anschrift

\- **Antragstellerin -**

gegen

Kindesvater, Name, Anschrift

\- **Antragsgegner -**

Verfahrensbevollmächtigte: Rechtsanwälte, Kanzlei, Anschrift

[46] 10.02.2020

Weitere Beteiligte:

Mutter:
Name, Anschrift

wegen Kindesunterhalt

hat das Amtsgericht – Familiengericht – durch die Richterin am Amtsgericht am 10.02.2020 beschlossen:

Die Verfahren Aktenzeichen und Aktenzeichen werden zur gemeinsamen Verhandlung und Entscheidung verbunden (§ 113 Abs. 1 Satz 2 FamFG in Verbindung mit § 147 ZPO).

Das Verfahren Aktenzeichen führt.

Rechtsbehelfsbelehrung:

Der Beschluss ist mit Rechtsmitteln nicht anfechtbar.

Richterin am Amtsgericht

Beglaubigt:

(Dienstsiegel)

Justizbeschäftigte
Als Urkundsbeamtin der Geschäftsstelle

VII. Zurückweisungsantrag:

1. Schreiben des Jugendamts an die Kindesmutter:[47]

Beistandschaft für Ihre beiden Kinder

Sehr geehrte Kindesmutter

anliegende Kopie des Schreibens des Amtsgerichts vom 25.02.2020 erhalten Sie mit der Bitte zur Stellungnahme.

Mit freundlichen Grüßen
Im Auftrag

Sachbearbeiter

---

[47] 26.02.2020

2. Schreiben des Amtsgerichts an das Jugendamt:[48]

Aktenzeichen

In Sachen

Erstes Kind u.a. ./. Kindesvater
wg. Unterhalt Kind

Sehr geehrte Damen und Herren,
richterlicher Anordnung gemäß erhalten Sie die anliegenden Unterlagen zur Kenntnis- und Stellungnahme binnen 2 Wochen.

Mit freundlichen Grüßen
Auf Anordnung

Justizbeschäftigte
Dieses Schreiben wurde elektronisch erstellt und ist ohne Unterschrift gültig.

---

[48] 24.02.2020

3. Schreiben des Anwalts an das Amtsgericht:[49]

Beglaubigte Abschrift

Vorab per Fax

Aktenzeichen

In Sachen

erstes Kind u.a. ./. **Kindesvater**

begründen wir die bereits mit Schriftsatz von 28.01.2020 gestellten Zurückweisungsanträge ergänzend weiter wie folgt:

Vom Antragsgegner sind die darlegungs- und beweisbelasteten Antragsteller bereits außergerichtlich darauf hingewiesen worden, dass die rückwirkende Geltendmachung vermeintlicher Ansprüche (hier streitgegenständlicher Zeitraum März 2016 bis Dezember 2016) schon nach allgemeinen Grundsätzen nicht möglich ist, worauf auch das Gericht in der Verfügung vom 21.01.2020 hingewiesen hat.

Ungeachtet dessen sind auch die tatsächlichen Behauptungen der Antragsteller unrichtig. Abgesehen davon, dass die Behauptungen zu den Leistungen des Antragsgegners unzutreffend sind, lebt der

[49] 18.02.2020

Antragsgegner von der Kindesmutter und den Antragstellern erst seit Juni 2018 getrennt.

Sollte das Gericht weiteren Vortrag für erforderlich erachten, so bitten höflichst um einen konkreten Hinweis.

Rechtsanwalt

4. Schreiben der Kindesmutter an das Jugendamt:[50]

Sehr geehrter Herr Sachbearbeiter,

Ihr Schreiben vom 26.02.2020 mit anliegender Kopie des Schreibens des Amtsgerichtes wurde mir heute postalisch zugestellt.

Der Kindesvater wurde am 04.03.2016 polizeilich verpflichtet, mein Haus zu räumen und mein Grundstück zu verlassen (vgl. beiliegende Anordnung zum Schutz vor Gewalt gemäß § 13 Polizei- und Ordnungsbehördengesetz (POG) vom 04.03.2016).

Vorübergehend war sein neuer Aufenthaltsort bei seinem Bruder (vgl. POG vom 04.03.2016), genaue Anschrift.

Von dort aus nahm er sich noch im Monat März 2016 eine Wohnung zur Miete in (genaue Anschrift), welche er unter gleicher Anschrift bis zum jetzigen Zeitpunkt bewohnt.

Von jenem Tage an (04.03.2016) bin ich alleinerziehende Mutter meiner Kinder.

Der Zeitpunkt "Juni 2016" hat ihn nur daher so tief beeindruckt, da ich zu jenem Zeitpunkt Leistungen nach dem Unterhaltsvorschussgesetz (UVG) für meine drei jüngsten Kinder beantragte und er seitens der Unterhaltsvorschusskasse (UVK) aufgefordert wurde, ab Juli 2018 für seine drei kleinen Kinder den Mindestunterhalt in der ersten Altersstufe

[50] 28.02.2020

zu leisten und sich seither beharrlich weigert, seine genauen Einkommensverhältnisse (Angestelltendasein und Selbständigkeit) offen zu legen.

Mit freundlichen Grüßen

Kindesmutter

5. Schreiben des Jugendamts an die Kindesmutter:[51]

Beistandschaft für Ihre beiden Kinder

Sehr geehrte Kindesmutter

das anliegende, vom Gericht übersandte Schreiben übersenden wir zur Kenntnis und zur Stellungnahme.

Wir müssen dem Gericht gegenüber bis zum 25.03.2020 erneut Stellung nehmen.

Der Hinweis des Gerichts deutet darauf hin, dass mit einer Abweisung des Anspruchs zu rechnen ist.

Mit freundlichen Grüßen
Im Auftrag

Sachbearbeiterin

---

[51] 13.03.2020

6. Schreiben des Anwalts an das Amtsgericht:[52]

Beglaubigte Abschrift

Aktenzeichen

In Sachen

erstes Kind u.a. ./. **Kindesvater**

nehmen wir Bezug auf den Schriftsatz der Antragsteller vom 06.02.2020 und weisen darauf hin, dass die Behauptungen der Antragsteller nach wie vor unschlüssig sind.

Wie bereits ausgeführt lebt der Antragsgegner, aus dessen Verbindung mit der Kindesmutter im Übrigen das am 14.09.2017 geborene dritte Kind hervorgegangen ist, von der Familie erst getrennt seit Juni 2018.

Der Antragsgegner betreute die Kinder und hat im Zeitraum Juli 2015 bis Februar 2017 Elterngeld bezogen (siehe Schreiben Landkreis vom 07.03.2017, **Anlage B 1**).

Die Kindesmutter selbst verfügt und verfügte über nicht unerhebliche Einkünfte und Vermögen.

[52] 05.03.2020

Über die Betreuungsleistungen hinaus leistete der Antragsgegner freiwillig in den Monaten März 2016 bis August 2016 mtl. 500 € (nicht nur vier Monate), im Übrigen danach vereinbarungsgemäß ausschließlich nur Naturalleistungen.

Auch gab es keine Mahnungen oder dergleichen (auch nicht im November 2016), wie unsubstantiiert behauptet wird.

Die Zahlungsanträge sind unter keinem tatsächlichen und/oder rechtlichen Gesichtspunkt begründet.

Ungeachtet dessen besteht ohnehin kein Anspruch auf rückwirkenden Geltendmachung von Unterhalt, worauf das Gericht schon zu Recht hingewiesen hat.

Sollte das Gericht weiteren Vortrag für erforderlich erachten, so bitten höflichst um einen konkreten Hinweis.

Rechtsanwalt

7. Schreiben der Elterngeldkasse an den Kindesvater:[53]

Elterngeld nach dem Gesetz zum Elterngeld und zur Elternzeit (BEEG) in der zurzeit geltenden Fassung

Sehr geehrter Kindesvater,

mit Elterngeldbescheid vom 26.07.2016 wurde Ihnen vorläufig Elterngeld i. H. v. 1050,00 €, für die Zeit vom 01.07.2015 bis 28.02.2017 bewilligt.

Zur abschließenden Elterngeldberechnung legen Sie bitte folgende Unterlagen vor:

- Gewinnermittlung nach § 4 Abs. 3 Einkommensteuergesetz (EStG) aus Ihrem Gewerbebetrieb während des Elterngeldbezugszeitraumes vom 01.07.2015 bis 28.02.2017

Nach Vorlage der benötigten Nachweise erhalten Sie einen endgültigen Elterngeldbescheid.

Zu viel gezahltes Elterngeld wird dann von Ihnen zurückgefordert bzw. zu wenig gezahlte Beiträge werden nachgezahlt.

Um Vorlage der Unterlagen bis zum 10.04.2017 wird gebeten.

Mit freundlichen Grüßen

Im Auftrag

Sachbearbeiterin

---

[53] 07.03.2017

8. Schreiben des Amtsgerichts an das Jugendamt:[54]

Aktenzeichen

In Sachen

Erstes Kind u.a. ./. Kindesvater
wg. Unterhalt Kind

Sehr geehrte Damen und Herren,

richterlicher Anordnung gemäß erhalten Sie die anliegenden Unterlagen zur Kenntnis- und Stellungnahme binnen 2 Wochen.

Der bisherige Vortrag zur Trennung ist völlig unzureichend.
Wie soll ein schlüssiger Vortrag bewiesen werden?

Mit freundlichen Grüßen
Auf Anordnung

Justizsekretär
Dieses Schreiben wurde elektronisch erstellt und ist ohne Unterschrift gültig.

---

[54] 10.03.2020

9. Schreiben der Kindesmutter an das Jugendamt:[55]

Sehr geehrte Frau Sachbearbeiterin,

Ihr Schreiben vom 13.03.2020 mit vom Gericht übersandten Schreiben, welches mir heute postalisch zugestellt wurde, habe ich zur Kenntnis genommen. Es folgt meine Stellungnahme:

Die Behauptungen der Antragsteller sind in keiner Weise unschlüssig, sondern erschließen sich dem verständigen Leser von selbst. Zwei minderjährige Kinder beantragen den ihnen zustehenden rückständigen Kindesunterhalt noch vor Ablauf der Verjährungsfrist zum Jahresabschluss nach drei Kalenderjahren. Nicht mehr, nicht weniger.

Die Behauptungen, dass der Kindesvater erst sein Juni 2018 von der Kindesmutter getrennt lebe, ist schlichtweg falsch.

Der Kindesvater wurde am 04.03.2016 polizeilich verpflichtet, sowohl das Haus der Kindesmutter zu räumen als auch das Grundstück der Kindesmutter und ihrer Kinder zu verlassen (vgl. beiliegende Anordnung zum Schutz vor Gewalt gemäß § 13 Polizei- und Ordnungsbehördengesetz POG vom 04.03.2016).

Vorübergehend war sein neuer Aufenthaltsort bei seinem Bruder (vgl. POG vom 04.03.2016), genaue Anschrift. Von dort aus nahm er sich noch im Monat März 2016 eine Wohnung zur Miete in (genaue Anschrift), welche er unter gleicher Anschrift bis zum jetzigen Zeitpunkt

[55] 14.03.2020

bewohnt. **Von jenem Tage an (04.03.2016) war die Kindesmutter alleinerziehend.**

Im Juni 2018 beantragte die Kindesmutter erstmalig Leistungen nach dem Unterhaltsvorschussgesetz (UVG) für ihre drei jüngsten Kinder, sodass der Kindesvater seitens der Unterhaltsvorschusskasse (UVK) aufgefordert wurde, ab Juli 2018 für selbige drei Kleinkinder den Mindestunterhalt in der ersten Altersstufe zu leisten. Seither weigert er sich beharrlich, sowohl seine genauen Einkommensverhältnisse innerhalb seines Angestelltendasein als auch diese aus seiner Selbständigkeit offen zu legen.

Selbst in seiner sog. Elternzeit war der Antragsgegner vollerwerbstätig innerhalb seiner Selbständigkeit tätig, sodass aufgrund der enormen Höhe seines Einkommens von ihm nach Abschluss der Elternzeit die komplette Summe zurückgefordert werden musste (hierzu möge sich das Gericht bei der entsprechenden Sachbearbeiterin der Elterngeldkasse erkundigen).

Das sog. Vermögen der Kindesmutter ist dem Gericht erstens vollumfänglich bekannt und tut darüber hinaus in hiesiger Angelegenheit nichts zur Sache.

Irrigerweise hat der Kindesvater seinerzeit sogar versucht, diese anfallenden „Schulden" der Kindesmutter auferlegen zu wollen. Sein kaufmännisch geleitetes Interesse galt und gilt einzig dem Profit.

Genannte Gewinnermittlung nach § 4 Abs. 3 Einkommensteuergesetz (EStG) aus Ihrem Gewerbebetrieb während des

Elterngeldbezugszeitraumes vom 01.07.2015 bis 28.02.2017 sollte seitens des Gerichts ebenfalls eingefordert werden, um sich ein Bild über das Vermögen des Kindesvaters machen zu können.

Der Antragsgegner zahlte lediglich vier Monate lang den sog. Kindesunterhalt (März 2016 bis Juni 2016). Die beiden anschließenden Zahlungen tragen die Überschrift Haushaltsgeld.

Da der Antragsteller sich auch beruflich bedingt und aufgrund seiner Herkunftsfamilie (Eltern, Geschwister mit Familie, Exfrau, zwei Töchter aus erster Ehe) und seines sozialen Umfeldes (sämtliche Kumpel / Freunde, Billiardkreis, Arbeitskollegen usw.) hauptsächlich am Ort seiner neuen Wohnung aufhielt und sich lediglich ab und an mal sporadisch bei seiner „Wahlfamilie" blicken ließ, kann von sog. „Naturalleistungen" nur bedingt gesprochen werden.

Streitigkeiten über die Thematik gab es sogar noch häufiger – über die erwähnten konkreten Daten der Inverzugsetzung hinaus. Wenn in den juristischen Streitigkeiten mit dem Exehemann seitens dessen Anwalt die Rede davon war, dass der Kindesvater der „außerehelichen" Kinder insbesondere unterhaltsverpflichtet sei, solange diese noch keine 3 Jahre alt sind, eskalierte die Diskussion mit dem Kindesvater anlässlich der Kindesunterhaltszahlungen stets aufs Neue.

Die Zahlungsanträge sind unter jedem tatsächlichen und/oder rechtlichen Gesichtspunkt begründet. Die minderjährigen Kinder haben schlichtweg einen Rechtsanspruch auf den ihnen zustehenden Kindesunterhalt. Ihnen selbigen zu verwehren wäre hingegen rechtswidrig.

Sehr wohl besteht ohnehin ein Anspruch auf rückwirkende[!] Geltendmachung von Unterhalt, ansonsten hätte das Jugendamt selbigen als Beistand für die betroffenen Kinder schließlich auch gar nicht erst geltend gemacht.

Als Anmerkung zum gerichtlichen Hinweis sei angemerkt, dass es in der hiesigen Angelegenheit nicht darum gehen kann, ob und wann die beteiligten Elternteile noch Geschlechtsverkehr hatten und es beispielsweise zur Zeugung des dritten Kindes bzw. der jüngsten Tochter kam.

Es geht hier schlichtweg um den Zeitpunkt, an welchem die Kindesmutter als Alleinerziehende für 4 Kleinkinder alleinverantwortlich war. Und dieser Zeitpunkt lautet: **4. März 2016**.

Dieser schlüssige Vortrag wird bewiesen durch oben erwähnte beiliegende Anordnung zum Schutz vor Gewalt gemäß § 13 Polizei- und Ordnungsbehördengesetz POG vom 04.03.2016.

Mit freundlichen Grüßen

Kindesmutter

10. Schreiben des Jugendamts an die Kindesmutter:[56]

Sehr geehrte Kindesmutter,

Ihre Stellungnahme zum Schreiben der Gegenseite haben wir erhalten. Wir können diese aber nicht so wie von Ihnen geschrieben, ans Gericht weiterleiten.

Wir haben Probleme mit dem Satz: *„Sehr wohl besteht ohnehin ein Anspruch auf rückwirkende Geltendmachung von Unterhalt, ansonsten hätte das Jugendamt selbigen als Beistand für die betroffenen Kinder schließlich auch gar nicht erst geltend gemacht."*

Wie Sie nicht bestreiten können, haben Ihnen alle bisherigen Sachbearbeiter davon abgeraten, den nach Ihrer Ansicht bestehenden Rückstand gerichtlich geltend zu machen, da das Problem der nicht wirksamen Inverzugsetzung besteht.

Sie haben bestätigt, dass Sie das gerichtliche Verfahren entgegen unserer Empfehlung dennoch möchten.

Der oben zitierte Satz entspricht daher nicht unserer Empfehlung.

Wir werden Ihr Erwiderungsschreiben daher in angepasster Form versenden.

[56] 18.03.2020

Dennoch weisen wir nach wie vor darauf hin, dass der Hinweise des Gerichts im Schreiben vom 10.03.2020 deutlich erkennen lässt, dass das Gericht den Anspruch bisher als nicht begründet sieht.

Mit freundlichen Grüßen
Im Auftrag

Sachbearbeiterin

11. Schreiben der Kindesmutter an das Jugendamt:[57]

Sehr geehrte Sachbearbeiterin,

„Wir werden Ihr Erwiderungsschreiben daher in angepasster Form versenden."

Einverstanden.

Mit freundlichen Grüßen,

Kindesmutter

57 18.03.2020

12. Schreiben des Jugendamts an die Kindesmutter:[58]

Sehr geehrte Kindesmutter

anhängend die Stellungnahme für das Gericht.

Sofern Sie Änderungswünsche haben, bitten wir diese bis zum 23.03. mitzuteilen, da die Stellungnahmefrist läuft.

Mit freundlichen Grüßen
Im Auftrag

Sachbearbeiterin

[58] 18.03.2020

13. Schreiben des Jugendamts an das Gericht:[59]

Sehr geehrte Damen und Herren,

im Verfahren

Kind u.a. ./. Kindesvater
wg. Unterhalt Kind

Aktenzeichen

nehmen wir zu dem Schreiben des Gerichts vom 10.03.2020 und zum Schriftsatz der Antragsgegnerseite vom 05.03.2020 nachstehende Stellung:

der Kindesvater wurde am 04.03.2016 polizeilich verpflichtet, das Haus der Kindesmutter zu verlassen.

Die entsprechende Gewaltschutzanordnung (Az.) wurde dem Gericht bereits mit Schreiben vom 02. März 2020 vorgelegt.

Der Kindesvater ist nach Mitteilung der Kindesmutter in der von ihm nachgewiesenen Elternzeit weiterhin voll erwerbstätig gewesen.

Es hat eine Rückforderung des gesamten gezahlten Elterngeldes gegeben.

---

[59] 18.03.2020

Beweis: Zeugenaussagen der Mitarbeiterin der Elterngeldstelle der Kreisverwaltung

Die behaupteten weiteren Zahlungen von Unterhalt für die Monate Juli und August 2016 sind nicht als Unterhalt deklariert gewesen, sondern haben die Überschrift „Haushaltsgeld“ getragen.

Beweis: im Bestreitensfalle, Vorlage der Kontoauszüge Juli und August 2016

Damit ist keine eindeutige Zuordnung zum Unterhalt für die Antragsteller gegeben.

Eine Vereinbarung zwischen den Kindeseltern dahingehend, dass nach Juni 2016 ausschließlich Naturalleistungen gewährt werden sollten, hat nie existiert.

Insoweit mag der Antragsgegner vortragen, wann und in welcher Form diese angebliche Vereinbarung geschlossen wurde.

Auch der Umfang und der Zeitraum der angeblich gewährten Naturalleistungen muss beziffert werden.

Erst wenn die angeblichen vereinbarten und auch tatsächlich gewährten Naturalleistungen vom Wert her den jeweiligen monatlichen Unterhaltsanspruch der Antragsteller von Juli bis Dezember 2016 erreichten, kann über eine Erfüllung des Unterhaltsanspruchs für diese Zeit nachgedacht werden.

Sporadische Besuche des Antragsgegners bei der Familie und gleichzeitig sporadische Naturalleistungen sind nicht geeignet, den Unterhaltsanspruch der Antragsteller für das Jahr 2016 als erfüllt anzusehen.

Verbale Auseinandersetzungen zum Thema Unterhalt gab es zwischen der Kindesmutter und dem Antragsgegner immer wieder, insbesondere auch über November 2016 hinaus.

Die Gespräche um den Kindesunterhalt wurden immer wieder entfacht, sobald das Thema Unterhalt für die Kindesmutter aufkam.

Im Rahmen juristischer Auseinandersetzungen mit dem Exehemann wurde vom gegnerischen Anwalt immer wieder auf die Unterhaltsverpflichtung des Antragsgegners nach § 1615 I BGB verwiesen.

Diese Streitigkeiten führten dazu, dass der Antragsgegner immer wieder mit der Thematik Kindesunterhalt konfrontiert wurde.

Die Kindesmutter wollte Zahlungen zum Kindesunterhalt und war dafür bereit, einen eigenen Anspruch zunächst zurück zu stellen.

Er war sich also ständig bewusst, dass eine Barunterhaltspflicht besteht. Insoweit kann nicht behauptet werden, dass der zu zahlende Unterhalt erledigt war, oder er sich nie damit beschäftigen musste.

Da die Kindeseltern aufgrund bestehender Besuchsvereinbarungen immer wieder mit einander zu tun hatten, wäre es lebensfremd gewesen, wenn die Kindesmutter bei den jeweiligen Treffen stets eine schriftliche Mahnung erstellt und übergeben hätte.

Sie durfte davon ausgehen, dass er die mündlichen Zahlungsaufforderungen jeweils zur Kenntnis genommen und verstanden hat.

Dass sie diese Mahnungen stets mündlich ausgesprochen hat, führt nicht zu einer Verwirkung der Rückstände, da dem Antragsteller jedes Mal, wenn er die Kinder sieht, bewusst sein muss, dass diese auf den Unterhalt auch in der Vergangenheit angewiesen waren.

Die Tatsache, dass aus der Verbindung der Kindeseltern ein weiteres Kind hervorgegangen ist, ist auch kein Beweis dafür, dass keine dauerhafte Trennung der Kindeseltern vorgelegen hat.

Es hat seit 04. März 2016 kein Zusammenleben der Parteien mehr stattgefunden. Seit dieser Zeit gab es keine Lebens- und Wirtschaftsgemeinschaft mehr.

Die Kindesmutter war seit dieser Zeit Alleinerziehende.

Mit freundlichen Grüßen
Im Auftrag

SAchbearbeiterin

14. Schreiben der Kindesmutter an das Jugendamt:[60]

Sehr geehrte Sachbearbeiterin,

vielen Dank für die Zusendung der Stellungnahme.

Zur Gewaltschutzanordnung sei angemerkt, dass ich diese beim letzten Mal vollständig eingescannt habe (ca. 4-seitig). Dem Gericht liegt hingegen nur eine einzelne Seite der Anordnung vor (Seite 2).

Ergänzen möchte ich noch Folgendes: der Kindesvater hat während der Zeit, in der er bis zum 04.03.2016, mit mir und den Kindern unter einem Dach wohnte, keinen einzigen Cent Miete bezahlt und sich weder anteilig noch sonst wie an den Kosten für Strom / Wasser / Gas / Heizkosten / Versicherungen / Abgaben / Reparaturkosten usw. finanziell beteiligt, obwohl sämtliche Verbrauchskosten und Ausgaben durch seinen Zuzug enorm gestiegen sind bzw. waren.

Das Gegenteil ist der Fall: durch seinen Wegzug aus der vorherigen Wohnung, hat er sich eine monatliche Kaltmiete von 1.000,- monatlich erspart und darüber hinaus auch noch auf den Kindesunterhalt für seine beiden erwachsenen Töchter aus erster Ehe von monatlich 1.000,- verzichtet. Somit hatte er sich durch seinen Umzug hierher von ihm lästigen Kosten und Pflichten befreit.

[60] 18.03.2020

Mit freundlichen Grüßen

Kindesmutter

15. Schreiben des Jugendamts an die Kindesmutter:[61]

Sehr geehrte Kindesmutter,

wir haben die Stellungnahme abgesendet und die Gewaltschutzanordnung in voller Länge beigefügt.

Die weiteren Ausführen aus Ihrer Mail von gestern haben wir nicht mit eingebracht. Diese Ausführungen betrafen die Zeit bis zum 04.03.2016. Dieser Zeitraum interessiert das Gericht nicht.

Sofern es keine ausdrückliche, ggf. schriftliche Vereinbarung gab, dass der Kindesvater einen Wohnkostenbeitrag leisten sollte, ist der Umstand, dass er nichts gezahlt hat, für das Gericht nicht relevant. Insoweit können mangels einer fehlenden Vereinbarung auch keine Schulden auflaufen.

Das Gerichtsverfahren dient leider nicht dazu, dem ehemaligen Partner alles zu sagen, was in der Vergangenheit schief gelaufen ist. Das Gericht prüft nur den geltend gemachten Zeitraum und hält sich insoweit strikt an die gesetzlichen Vorgaben.

Da wir den Zeitraum ab 04.03.2016 für den Kindesunterhalt geltend gemacht haben, sind Ausführungen zu rückständigen Wohnkostenbeiträgen in diesem Verfahren nicht vorzubringen. Vorliegend geht es nur um den Kindesunterhalt.

---

[61] 19.03.2020

Ihre diesbezüglichen Ausführungen sind ggf. für das vom Rechtsanwalt geführte Verfahren interessant.

Mit freundlichen Grüßen
Im Auftrag

Sachbearbeiterin

16. Schreiben des Jugendamts an die Kindesmutter:[62]

Beistandschaft für Ihre beiden Kinder

Sehr geehrte Kindesmutter

das anliegende Schreiben des Antragsgegnervertreters übersenden wir zur Kenntnis und zur Stellungnahme.

Wir müssen bei Gericht bis zum 14.04.2020 eine ergänzende Stellungnahme einreichen.

Mit freundlichen Grüßen
Im Auftrag

Sachbearbeiterin

[62] 24.03.2020

17. Schreiben des Anwalts an das Amtsgericht:[63]

Beglaubigte Abschrift

Aktenzeichen

In Sachen

erstes Kind u.a. ./. **Kindesvater**

nehmen wir Bezug auf die Verfügung des Gerichts vom 05.03.2020 und verweisen auf unseren Schriftsatz vom 05.03.2020, der dem Gericht bei der Verfügung noch nicht vorlag.

Ergänzend weisen wir im Hinblick auf den Schriftsatz der Antragsteller vom 02.03.2020 bzw. die Stellungnahme der Kindesmutter noch auf folgendes hin:

Richtig ist, dass die Parteien am 04.03.2016 einen verbalen Streit hatten und der Antragsgegner vorübergehend die Wohnung verlassen hat. Die Parteien versöhnten sich bis Mitte März 2016 aber wieder. Der Antragsgegner wohnte wieder mit der Kindesmutter und den Kindern zusammen.

[63] 17.03.2020

Die von der Kindesmutter angegebene Wohnung hatte der Antragsgegner als Zweit-/Nebenwohnung im Jahr 2016 angemietet und genutzt, um seine selbständige Nebenerwerbstätigkeit (siehe bereits vorgelegte Anlage A 5 Bescheid zum Elterngeld vom 07.03.2017) von dort aus zu betreiben.

Die Kindesmutter wollte nicht mehr, dass der Antragsgegner im „Homeoffice" von zu Hause aus die selbständige Nebentätigkeit betreibt. Der Antragsgegner war dementsprechend für einen Tag, maximal zwei Tage auswärts. Im Übrigen betreute er die Kinder, erledigte Einkäufe für den Bedarf der Familie etc.

Lebensmittelschwerpunkt und Aufenthaltsort war nach wie vor im Haus der Kindesmutter, wo der Antragsgegner mit der Kindesmutter und den Kindern wohnte bis Juni 2018. Seit der Trennung im Jahr 2018 wohnt der Antragsgegner außerhalb.

Die Ausführungen der Kindesmutter sind im Übrigen nicht nachvollziehbar und auch unrichtig. Weder gibt es einen Zusammenhang zwischen dem vorübergehenden dreiwöchigen Auszug im März 2016 zu den erstmalig geltend gemachten Unterhaltsforderungen und UVG-Antrag anlässlich der Trennung im Juni 2018, noch hat der Antragsgegner die Erteilung von Auskünften verweigert.

Rechtsanwalt

18. Schreiben der Kindesmutter an das Jugendamt:[64]

Sehr geehrte Frau Sachbearbeiterin,

Ihr Schreiben vom 24.03.2020 mit anliegendem Schreiben des Antragsgegnervertreters wurde mir heute postalisch zugestellt. Eine Stellungnahme dazu liefe prinzipiell auf eine Wiederholung der bisherigen Stellungnahmen hinaus. Darüber hinausgehend und ergänzend dazu ist jedoch noch Folgendes mitzuteilen:

Schon vor jenem am 04.03.2016 eskalierten Streit, eigentlich schon seit dem Einzug des Antragsgegners ins Haus der Antragstellerin, weit VOR dem errechneten Entbindungstermin der Zwillinge, musste die Antragstellerin feststellen, dass sich das Augenmerk des Antragsgegners darauf belief, finanzielle Vorteile für sich geltend zu machen.

Dies begann schon damit, dass er sich durch seinen Auszug aus der vorherigen Wohnung eine monatliche Kaltmiete von 1.000,- EUR ersparte und sich darüber hinaus auch noch der Zahlung von Kindesunterhalt für seine beiden erwachsenen Töchter aus erster Ehe von monatlich 1.000,- EUR entledigen konnte, wodurch sein Nettoeinkommen als Angestellter bereits vollständig aufgebraucht war, ohne irgendwelche Lebenshaltungskosten zu berücksichtigen.

Da er von Anfang an betonte, ab der Entbindung nur noch vom Elterngeld zu leben und somit kaum die Kosten für seine

[64] 26.03.2020

Krankenversicherung aufbringen zu können, bestand er darauf keinen Cent Miete zu zahlen und sich finanziell auch nicht an den Kosten für Strom / Wasser / Gas / Heizkosten / Versicherungen / Abgaben / Reparaturkosten usw. beteiligen zu wollen, obwohl sämtliche Verbrauchskosten und Ausgaben durch seinen Zuzug enorm angestiegen waren.

Stattdessen wolle er sich mit einem geringen Anteil an den Kosten für die sog. Lebensmittel beteiligen. Gingen seine angeblichen Ausgaben darüber hinaus, verlangte er von mir Bargeldzahlungen, um seinen finanziellen Schaden zu begleichen. Seinen darüber hinausgehenden Verdienst aus der Selbständigkeit beanspruchte er vollständig für seine privaten Zwecke (Zigaretten, Alkohol, Sprit, regelmäßige [u.a. Geld-]Geschenke für die Mitglieder seiner Herkunftsfamilie, Billardabende, Geschäftsessen, und dergleichen mehr).

Darüber hinaus war er weder in Zeiten der Schwangerschaft noch in der Zeit danach zuverlässig anwesend. Priorität hatten von Anfang an seine dienstlichen, familiären und sozialen Kontakte, sodass seine Gegenwart zunehmend mehr zu einer Belastung meiner Kernfamilie wurde, die im Kalenderjahr 2016 leider sogar noch in den Auszug meiner erstgeborenen Tochter zu ihrem leiblichen Vater mündete.

Der Konflikt am und die Trennung ab dem 04.03.2016, wurde v.a. durch den unmäßigen Alkoholkonsum des Antragsgegners hervorgerufen und die sich stets daran anschließenden wirren Ausführungen und Behauptungen. Er bestand beispielsweise sogar darauf, dass die Antragstellerin auf Erziehungszeiten zu verzichten habe, damit diese dem abwesenden Antragsgegner für seine Rentenbezüge gutgeschrieben werden sollten und drängte die Antragstellerin wiederholt zu Einwilligung und Unterschrift.

Der Antragsgegner hat seine Freiheiten in keiner Sekunde eingeschränkt, weder vor der Geburt der Zwillinge noch danach, erst recht nicht nach der Geburt der jüngsten Tochter. Die einzige „Unterstützung", die er diesbezüglich anbot, waren zwei einzelne Monate Elternzeit nach der Geburt der jüngsten Tochter (vom 14.09.2017 bis zum 13.10.2017 und vom 14.12.2017 bis zum 13.01.2018 über Weihnachten hinweg).

Ansonsten ist er ohne Einschränkung seinem Dienst als Angestellter und darüber hinaus als Selbständiger nachgegangen. Da sich beides zentral am Ort seines Wohnsitzes befunden hat, wohnte und lebte er dementsprechend auch dort. In meinem Haus bekam er nur noch ein Gästezimmer zugewiesen, damit sich meine zweitälteste Tochter nicht länger für einen Abwesenden beschneiden lassen musste und endlich in das große ehemalige „Homeoffice"-Zimmer des Antragsgegners einziehen konnte.

Dass der Antragsgegner die Erteilung von Auskünften verweigert hat und weiterhin verweigert wird nicht zuletzt durch den Antrag wegen Auskunft ersichtlich, der dem Gericht bald vorgelegt werden wird. Auch bereits zuvor hat der Antragsgegner gegenüber dem Jugendamt keine vollständigen Auskünfte erteilt, sondern sich stattdessen bereits im Jahr 2018 bezeichneten Antragsgegnervertreter anwaltlich bestellt.

Schon die Aufforderung zur Erstellung dreier Jugendamtsurkunden zog sich daher über ein halbes Jahr in die Länge. Auch ließ sich eine

Sachbearbeiterin des Jugendamtes durch den Antragsgegnervertreter und dessen Standpunkt in Bezug auf „überobligatorische Einkünfte“ derart einschüchtern, dass die ursprünglich geltend gemachten Forderungen, nämlich Kindesunterhalt nach den Stufen 5 bzw. 7 der Düsseldorfer Tabelle zu verlangen, zu Ungunsten der betroffenen Kinder eigenmächtig und unverantwortlich auf den Mindestunterhalt reduziert worden ist.

Mit freundlichen Grüßen

Kindesmutter

VIII. <u>Hinweis:</u>

1. Schreiben des Jugendamts an die Kindesmutter:[65]

Beistandschaft für Ihre beiden Kinder

Sehr geehrte Kindesmutter

den anliegenden Hinweis des Gerichts zum Thema Verwirkung übersenden wir zur Kenntnis und zur Stellungnahme.

Mit freundlichen Grüßen
Im Auftrag

Sachbearbeiterin

[65] 30.03.2020

2. Hinweis des Amtsgerichts:[66]

In Sachen

Erstes Kind ./. Kindesvater
wg. Unterhalt Kind

Sehr geehrte Damen und Herren,

Verwirkung dürfte bei Unterhaltsforderung dann gegeben sein, wenn über längere Zeit Unterhalt nicht gefordert wird, ohne dass tatsächlich mehrmals Aufforderungen mündlich oder schriftlich erfolgen.
Es müsste dann geklagt werden.
Allein der Umstand, dass eine Gewaltschutzanordnung ergangen ist, bedeutet nicht ohne weiteres, dass ab dann keine Wohnungsgemeinschaft mehr bestand.

Frist: 3 Wochen

Mit freundlichen Grüßen
Auf Anordnung

Justizsekretär
Dieses Schreiben wurde elektronisch erstellt und ist ohne Unterschrift gültig.

[66] 25.03.2020

3. Schreiben der Kindesmutter an das Jugendamt:[67]

Sehr geehrte Frau Sachbearbeiterin,

Ihr Schreiben vom 30.03.2020 mit anliegendem Hinweis des Gerichts zum Thema Verwirkung wurde mir heute postalisch zugestellt.

Den Hinweis des Gerichts vom 25.03.2020 habe ich zur Kenntnis genommen.

Hierzu möchte ich wie folgt Stellung nehmen:

Erstens: es sind tatsächlich mehrmals mündliche und / oder schriftliche Aufforderungen zur Unterhaltsforderung ergangen (vgl. vorliegende E-Mails und die Auflistung der Inverzugsetzung).

Zweitens: es geht nicht primär um die ergangene Gewaltschutzanordnung, sondern um die Ausweisung aus meinem Haus und die sich daran anschließende Wohnungssuche des Kindesvaters, welche eben dazu führte, dass ab dem 04.03.2016 dann auch keine Wohnungsgemeinschaft mehr bestand, sodass die Kindesmutter ab diesem Zeitpunkt als Alleinerziehende zu betrachten ist und den minderjährigen Kindern der ihnen zustehende Kindesunterhalt gebührt.

Mit freundlichen Grüßen

Kindesmutter

---

[67] 02.04.2020

yes
I want morebooks!

Buy your books fast and straightforward online - at one of world's fastest growing online book stores! Environmentally sound due to Print-on-Demand technologies.

Buy your books online at
www.morebooks.shop

Kaufen Sie Ihre Bücher schnell und unkompliziert online – auf einer der am schnellsten wachsenden Buchhandelsplattformen weltweit! Dank Print-On-Demand umwelt- und ressourcenschonend produzi ert.

Bücher schneller online kaufen
www.morebooks.shop

KS OmniScriptum Publishing
Brivibas gatve 197
LV-1039 Riga, Latvia
Telefax: +371 686 204 55

info@omniscriptum.com
www.omniscriptum.com

Printed by Books on Demand GmbH, Norderstedt / Germany